Sourimousse cuisine

Sourimousse est une qui aime

les  et les  .

À l'  , elle a invité ses amis pour un goûter-surprise.

Elle prépare la  avec sa plus belle

 .

Elle met des , des et des en argent.

Les belles  et les jolies
sont en porcelaine, comme
le .

À la cuisine, elle verse de la

dans un  et casse des  .

Une pincée de  , du et elle bat

avec le  .

Elle prend une  sous l'  ,

et sort.

Dans le  , elle cueille des

bien mûres.

Elle les passe sous l' du

puis les met dans un  .

En mangeant une , elle verse

une  de  dans la  .

Elle en mange une autre avec du

et ne voit pas la  ...

La  brûle !

La suivante est sur l' , une autre sur le , une autre sur la ...

Catastrophe ! Il n'y a plus de  ,

et toutes les  sont mangées.

Les amis de Sourimousse sont assis sur les , ils attendent le goûter !

Surprise, crie Sourimousse un peu

gênée, je vous ai préparé un

de !

Printed in EC
N d'impression 4411 0006
Dépôt légal 0500/0058/087

jardin

évier

robinet

eau

ravier

fraises

sucre

lampe

louche

armoire